Glaube Liebe Hoffnung

Glaube Liebe Hoffnung

Glaube
Liebe
Hoffnung

Nachrichten aus dem
christlichen Abendland

Gregor Weichbrodt

Hannes Bajohr

Frohmann/oxoa

Inhalt

Nun aber bleiben Glaube, Hoffnung, Liebe,
diese drei; aber die Liebe ist die größte
unter ihnen.

Paulus, 1. Korinther, 13

Glaube

Ich glaube 90% der polizisten sind im herzen bei uns.

Ich glaube aber ohnehin das diese Pegida Nummer
vom Staat angerührt ist.

Ich glaube alles ist von langer hand geplant

Ich glaube,alles was von links kommt,ist ein Fake.

Ich glaube am Freitag den 30.1.1933 ist in China auch
ein Sack Reis umgefallen,wem interessiert
das heute noch?

Ich glaube an.. alles was ich sehen...essen und anfassen
kann.

Ich glaube an das gute, aber das gute kommt nicht von
alleine, das böse nimmt dem gute den Platz
weg (Migration).

Ich glaube an das was ich sehe und Höre und dann
auch nicht alles.

Ich glaube an dass was ich mit eigenen Augen sehe
und nicht an das was mir unbekannte
„dritte" erzählen wollen.

Ich glaube an die Bedrohung und glaube auch, dass
die Politiker sie gut finden.

Ich glaube an die Fakten und nicht an linke Verleum-
dungskampagnen.

Ich glaube an die Kraft von Freiheit und Demkratie.

Ich glaube an die Worte Jesu und die haben hier in
Europa nicht nur Schaden angerichtet.

Ich glaube an eh an keine Statistiken.

Ich glaube an eine falsche Politik , die sozial aus dem
letzten Loch pfeift.

Ich glaube an Euch – weiter so !

Ich glaube an Euch!

Ich glaube an (fast alle von) Euch.

Ich glaube an Gott.

Ich glaube an Gott, an Jesus Christus unsern Herrn...

Ich glaube an Gott und bin stolz christ zu sein ist das
ein verbrechen

Ich glaube an Gott zu 100%.

Ich glaube an kein einziges mehr.

Ich glaube an keinen Gott.

Ich glaube an keinen Rückgang eher an noch viel
mehr Zuwachs

Ich glaube an nichts, und Deutschland hat schon
längst alle Werte die wir hatten verspielt
durch Korruption und nichts tun!

Ich glaube an schwarze Magie...

Ich glaube an was.

Ich glaube an zwei Sachen gleichzeitig..

Ich glaube auch an mein Land und das hier und jetzt
und das kulturelle erbe und Traditionen in
Deutschland, über den Himmel kann ich
mir sorgen machen wenn ich da bin

Ich glaube auch das die friedlichen Zeiten zu Ende
gehen.

Ich glaube auch das die Menschen gegen die Islamisierung sowie auch gegen eine Kolonialisie-
rung unseres/r Länder sind !!!

Ich glaube auch...das die USA jetzt schneller Ihren
Plan ausführen wird, solange hier unruhen
herrschen.

Ich glaube auch das es nur zur abschreckung der
pegida gelten soll, weil sie einfach nicht
mehr weiter wissen und der zulauf immer
größer wird.

Ich glaube auch das islamisten die polizei kontrollie-
ren denn ich war in bremen in haft und wie
sich die moslems da verhalten ist mehr als
untragbar.

Ich glaube auch das Merkel uns mit ihrer Politik in
einen Krieg treibt.

Ich glaube auch,dass das alles System hat und insze-
niert ist,um es sich so drehen zu können,-
denn sonst würden ja selbst die Linken
nicht so einen hirnfreien Müll daherlabern.

Ich glaube auch, dass der überwiegende Teil der
deutschen Bevölkerung so denkt.

Ich glaube auch, dass die meisten von euch alles ander
als rechts sind!

Ich glaube auch, daß ein Land so etwas wie eine
„Landesseele" hat.

Ich glaube auch, dass es genügend Menschen gibt, die
hinter dem Spiegel blicken und zwar bis zur
Wall Street.

Ich glaube auch,dass wir Deutschen in der Spendenbe-
reitschaft ganz weit oben stehen

Ich glaube auch der wird Mund tot gemacht leider ..

Ich glaube auch, die Merkel ist nur eine Marionette.

Ich glaube auch, HJ und FDJ kann man bis zu einem
gewissen Grade vergleichen.

Ich glaube auch nicht an einen Gott, das macht die
        Ungläubigen ja noch gefragter für jede Art
        des tötens.
Ich glaube auch nicht das die Antifa kommen würden
        wenn ihr auf die.Straße gehen würdet, die
        hatten dann viel zuviel schiss
Ich glaube auch nicht, dass es was mit dem Islam zu
        tun hat, die rufen doch Allah in Abfall,
        oder?
Ich glaube auch und zahle deswegen noch lange keine
        Kirchensteuer.
Ich glaube bald, Euch geht es wirklich noch zu gut –
        schade, da nun der Anfang gemacht ist.
Ich glaube bei der nächsten Pegida Demo werden
        mehr Menschen kommen.
Ich glaube bei Dresden nazifrei suchen die noch
        Mitläufer.
Ich glaube bei uns sollten diese Anschläge mal passie-
        ren, mal schauen wie die Leute dann hier
        im Land reagieren.
Ich glaube Berlin ist vollkommen überlaufen von
        diesem Multi-Kulti Zeug.
Ich glaube bildungsfremde in Deutschland sind die
        die aus muslimischen Ländern kommen
        und deren Kinder.
Ich glaube da dürften wir eine Menge Wörter nicht
        mehr nutzen, bloß weil es mal irgendwann
        missbraucht wurde.

Ich glaube da gibt's in ganz Deutschland etliche ist es
        wegen der Arbeit sehr schwierig es montags
        nach der Arbeit noch rechtzeitig aus der
        Provinz(bei mir südlichstes Bayern) noch
        nach München zu schaffen!
Ich glaube da hätte ich so gar kein Mitleid
Ich glaube da kommst du auf die Welt und dann reden
        wir nochmal über die Islamisierung!
Ich glaube da steckt mehr dahinter.
Ich glaube da steht uns in Europa noch einiges bevor!!
Ich glaube da wäre jetzt eine entschuldigung fällig da
        holte der migrant sein handy raus,und rief 3
        seiner lanzleute,die dem mann dann mit
        baseball schläger nieder schlugen!!
Ich glaube da weis jeder was dann los wäre ....
Ich glaube da wird wohl bald auch eine neue Partei
        benötigt, denn AfD hat sich von PEGIDA
        distanziert.
Ich glaube daran, dass die Bewegung im Westen
        wachsen wird.
Ich glaube daran, dass die Rothschild NWO hier mehr
        lenkt als man glaubt(Russlandkonflikt
        bestes Beispiel), aber in diesem bevorste-
        henden Krieg werden auch Juden unter den
        Opfern sein.
Ich glaube das auch, weil den meisten Moslems solche
        Veranstalltungen am Arsch vorbei gehen,
        die tun hier eh was sie wollen und bekom-
        men dabei ja auch noch Unterstützung von

unseren Politikern und jeder Menge GUT-
MENSCHEN.

Ich glaube das C in CDU steht für Christliche....

Ich glaube, das da der Spaß für die Gutmenschen
aufhören wird.

Ich glaube das Deutschland die Wehrpflicht zu früh
abgeschafft hat

Ich glaube das Deutschland eins der Bekanntesten
Länder ist wo es einen die Möglichkeit gibt
mit nix was zubekommen, sowas wie
soziale Zahlungen.

Ich glaube das die PEGIDA benutzt wird um die
Deutschen gegen einander aufzubringen.

Ich glaube das die Täter auf der Flucht zu tode kommen.

Ich glaube das diese aktion(demo verbieten)pegida
noch mehr zulauf verschafft:-)

Ich glaube, das du nicht die nötige Lebenserfahrung
hast, um beurteilen zu können, worüber
sich die Demonstranten beschweren.

Ich glaube das ein Bürgerkrieg nicht weit weg ist.

Ich glaube,das hat sich nur die Regierung ausge-
dacht,um Pegida mundtot zu machen und
uns immer mehr mit dem Asylantendreck
zu überfluten.

Ich glaube das hat wenig mit Angst zu tun wir haben
nur die Schnauze voll vom Anblick der
Kopftücher und viele fühlen sich durch
deren Anblick beleidigt.

Ich glaube das Herr lucke von Wirtschaft und Politik
mehr Ahnung hat als alle deutschen Politiker zusammen!

Ich glaube das ist das Ausland, vorne weg die USA...

Ich glaube das ist der „Trick" der regierenden die
Demo nun auf diese Weise aufzulösen.

Ich glaube das ist die einzige Möglichkeit der Bande
ins Gesicht zu sagen das sie sich verpissen
sollen , denn im Landtag , Bundestag usw
wirst du sie sicher nicht mehr antreffen da
sie sich ja in ihren sicheren Villen verste-
cken müssen die feige Bande !!!

Ich glaube das ist ein Fake ......wieder so eine Finte um
uns von der Straßen fernzuhalten....

Ich glaube das ist ein Gerücht um die deutschen
aufzuhetzen. Und die nazis sind nicht
besser als diese kriminellen

Ich glaube das muss ich hier nicht erläutern, wir sind
keine Nazis und ich habe auch Freunde aus
dem Islam, aber die Arbeiten akzeptieren
es das ich Bier Trinke und Schwein esse
kurz gesagt korrekte Menschen, den Helfe
ich wenn sie Propleme haben und sie mir
auch.

Ich glaube das neue Jahr wird mit sicherheit nicht
ruhig werden!

Ich glaube das Problem erkannt zu habrn mit
„weltoffen"

Ich glaube das sehr viel Angst bekommen weiter so

Ich glaube das selbst der gemäßigte Moslem Schwie-
rigkeiten hat sich in eine pluralistische
Gesellschaft einzufügen....

Ich glaube das sich das Schloss Bellevue, der Reichs-
tag, das Kanzleramt und die Ministerien
langsam mal mit der Thematik „Zwangs-
räumung durch das Volk" befassen sollten.... ;)

Ich glaube das sind alles Leute die garkeiner haben
will nicht mal die eigenen Landsleute.

Ich glaube das sind die grössten Drahtzieher und
Macher dieser Welt.

Ich glaube das unsere Arbeit hier und posten auf den
Seiten die uns einfallen und relevant sind
schon in so kurzer Zeit zu mindest zu
eigenständigen Denken anregen.

Ich glaube das Verbot soll bloß verhindern das die
Muslime angreifen es soll sie nicht reizen...

Ich glaube das viele so denken!

Ich glaube das war schonmal da und zwar 40 Jahre lang

Ich glaube das wäre der Supergau, für alle Gutmenschen.

Ich glaube das waren auch die Amerikaner

Ich glaube das weit aus mehr Menschen hier in
Deutschland genauso denken, sich nur
nicht getrauen es offen zu sagen!!

Ich glaube DAS wird das Ende sein!

Ich glaube, das wollen wir eigentlich alle – und alle
haben auch Angst.

Ich glaube, das Wort „Nazi“ passt nicht auf diese Seite.

Ich glaube, dass der Kirche bald das Licht ausgehen wird, wenn sie weiter gegen das Volk stellt.

Ich glaube, dass der prozentuale Anteil and Muslime höher ist, als uns die Statistik weismachen will, meine gefühlte Statistik ist eine andere.

Ich glaube, daß die Anzal der PEGIDA-Befürworter weit größer ist als sich dies aktuell darstellt.

Ich glaube, daß die Menschen dadurch auch in anderen europäischen Ländern noch viel mehr sensibilisiert sind, den Islam zurückzudrängen und in seine Grenzen zu weisen.

Ich glaube, dass die Menschen im Westen sich langsam auch positionieren.

Ich glaube, dass die Solidarisierung mit dem französischen Magazin „Charlie Hebdo“ wenig zielführend ist.

Ich glaube dass die Volksverräter sich da sehr täuschen.

Ich glaube, dass dies ein staatlich organisiertes Verbrechen gewesen ist.

Ich glaube dass einige von den „Gutmenschen“ dann doch mehr etwas über die Wahrheit erfahren werden wollen.

Ich glaube, dass es diversen Machthabern darum geht, Chaos und Zwietracht zu erzeugen, um verschärfte Kontrolle zu rechtfertigen.

Ich glaube dass es für meine alte Heimatstadt zu spät ist.

Ich glaube, dass es gesteuert ist

Ich glaube, dass es grundsätzlich wichtig ist, dass
Dinge einmal sachlich diskutiert werden
und nicht wie seit vielen Jahren, da gegen
den linksorientierten Mainstream, totge-
schwiegen

Ich glaube ,dass für uns die Zukunft gleich wie die
Indianer von Nord Amerika in den
Indianerreservat sein wird.

Ich glaube, dass genau diese Meinung Einzelner,
vielleicht sogar bezahlter PEGIDA- Gegner, nicht hierher gehören.

Ich glaube, dass Ihr es aufgrund der jetzt schon
stark islamisierten Stadt sehr schwer
habt.

Ich glaube, dass kann gar keine Religion sein

Ich glaube dass nicht studierte die sich nicht an-
schliessen dies tatsächlich aus Angst tun.

Ich glaube, dass nicht wenige Menschen in D. der
Gedanke beunruhigt, „zum Fremden im
eigenen Land" zu werden.

Ich glaube, dass Pegida erst richtig im kommen ist

Ich glaube ,dass viele,nicht alle.,die.in Büros arbeiten oder.studieren,mit.dem real existie-
renden Alltagsleben kaum wenig in
Berührung kommen.

Ich glaube, dass wir genug über unseren eigenen
Glauben und die Sitten in unserem Land
aufgeklärt sind.

Ich glaube, dass wir in der vergangenheit mit der frage
nach der identität unseres volkes und
unserer nation zu leichtfertig umgegangen
sind

Ich glaube, daß wir über die wirkliche sicherheitslage
in deutschland nicht richtig informiert
werden, zur beruhigung der bevölkerung
wird sicher wieder beschönigt und ver-
harmlost.

Ich glaube DD startete mit etwas über 100 Leuten.

Ich glaube den Medien kein Wort!

Ich glaube den Mist nicht das es abgesagt wurde, wenn
doch haben die Angst aber Ich habe keine
Angst Ich werde meine Reise von ca 700 km
antretten und Ihr seht mich in Mitte meiner
Brüder und Schwester morgen in Dresden.

Ich glaube den ÖR-Medien nichts mehr....

Ich glaube den Schweinen kein Wort sollen sie alle in
der Hölle schmoren am jüngsten Gericht da
gibt's auch kein Entkommen für die Unru-
hestifter auf Erden.

Ich glaube den sogenannten Migranten kein Wort.!!!

Ich glaube denen garnix :-)

Ich glaube denen kein Wort mehr!

Ich glaube denen nichts mehr!

Ich glaube der Frau könnte man mit dem Koran den
Schädel einschlagen, dann würde die es
trotzdem nicht kapieren, wie übrigens viele
unserer Politik Idioten.

Ich glaube der grossteil der legida pegida etc. demonstriert gegen terror im eigenen land.

Ich Glaube der Islam wird uns überrennen !!

Ich glaube, der Lügenpresse kein Wort!

Ich glaube der nächste große Krieg steht kurz bevor.

Ich glaube der polarisierenden Presse sowieso nichts mehr.

Ich glaube der Politik nicht.....

Ich glaube der presse mal garnichts sorry!!

Ich glaube der Regierung und der Presse Nichts mehr.

Ich glaube die „Nazis" sind jetzt bei antipegida, denn da macht es mehr Spass -das war so ein feiger Haufen

Ich glaube die Antifatypen fühlten sich von ihren Eltern und Schule gegängelt und wollen jetzt den aufgestauten Frust an dem Ersatz= Deutschland auslassen.

Ich glaube, die beste Voraussetzung ein Linker zu sein ist, keine Ahnung zu haben.

Ich glaube die CDU in Sachsen hat Angst.

Ich glaube die Deutschen sind inzwischen das toleranteste Volk der Welt!

Ich glaube die Deutschen wissen sehrwohl, dass Hitler kein Deutscher war.

Ich glaube die Ehrlichkeit vom ersten Spaziergang bis zum Letzten hat sich bisher am besten ausgezahlt.

Ich glaube die erst wenn ich es sehe, versprechen tun die Altpartein gern und viel, aber gehalten wird wenig....

Ich glaube die EU wird kein langen bestand mehr
        haben und unsere Plitik in Deutschland
        muss sich ändern, sonnst ändert sich das
        Volk, das wird zu heftigen Unruhen
        kommen.
Ich glaube die haben einfach Angst einen Spaziergang
        zu machen, bei einem Auslsenderanteil von
        15%
Ich glaube, die Islamisierung in Deutschland geht
        schon gar net mehr von den Muslimen
        aus.
Ich glaube die Katholische Kirche hat hier den
        Rückwärtsgang eingelegt.
Ich glaube die linken sind schlimmer als,, nazis,,das
        sieht man in hamburg schanzenviertel aber
        gedultet von so einer regierung
Ich glaube die Linken sollten angst bekommen
Ich glaube die Lügenpresse möchte Krieg.
Ich glaube die Lügenpresse will Krieg.
Ich glaube die merkeln hat das bezahlt
Ich glaube die Obrigkeit ist steif vor Angst!!
Ich glaube, die Politik merkt nicht, das es gar nicht
        mehr nur um „Ausländer" geht.
Ich glaube die Politiker haben auch in diesem Fall den
        Bogen überspannt und wissen nun nicht
        mehr wie sie da rauskommen.
Ich Glaube die Psychose kommt bei Dir von zu viel
        Fleisch – also nicht weiter dein Döner
        essen...

Ich glaube die Regierung braucht niedrig Lohn Arbeiter sieht man schon am Mindestlohn wie Deutschland tickt.

Ich glaube die Regierung schreckt vor nichts zurück.

Ich glaube die Seite ist gesperrt, oder ich wurde gesperrt?

Ich glaube, die Seite wurde gehackt, das ist nicht das, was man sonst hier liest.

Ich glaube, die wenigsten wissen, dass wir gar keinen Friedensvertrag haben.

Ich glaube, die wenigsten wissen über Chemtrails bescheid!

Ich glaube die werden erst wach wenn der terror bei uns herscht.

Ich glaube, die wissen noch nicht mal was Photoshop ist.

Ich glaube die wollen Bürgerkrieg

Ich glaube, die wollen einen Bürgerkrieg.

Ich glaube die wollen uns tatsächlich noch mehr mit ihren bezahlten „Gegendemos" langweilen.

Ich glaube die würden sogar die Kouachi Brüder (Attentäter aus Paris) einladen , wenn Sie Zeit hätten, Hauptsache es kommen mehr leute

Ich glaube diese Frage sei erlaubt ohne in eine rechte Ecke gedrängt zu werden.

Ich glaube diese Rassismus und Nazi Vorwürfe wurden als Verwirrspiel extra eingebracht, obwohl man wusste, dass sie unpassend sind.

Ich glaube diesen Terroristen,sie wollen ihren Krieg
herüber bringen.....bitte macht vorher
etwas...u nicht erst wenn es zu spät ist....
Ich glaube dieser Herr ist auch ein gekaufter der
Leitmedien.
Ich glaube dieses gestraffte Land erfährt bald Gerech-
tigkeit
Ich glaube dir auch ohne Link....weil sowas nur hier
möglich ist.
Ich glaube Dir, dass Du nicht rechtsradikal bist.
Ich glaube doch langsam, das diese Statistik mit 9%
Migranten in Deutschland weit gefälscht ist.
Ich glaube du bist an der falschen Stelle beschnitten
worden oder ?????
Ich glaube du bist auch eine, die immer noch denk,
Deutschland ist ein Staat.
Ich glaube Du bist das Problem, Arschloch!
Ich glaube du bist der wahre Nazi und Rassist.
Ich glaube Du bist die einzige Flachzange hier.
Ich glaube du bist ein dummer kleiner Bube der noch
grün hinter den Ohren ist und keine
Erziehung genossen hat.
Ich glaube du bist ein richtiger Dummkopf.
Ich glaube du bist eine Fanatikerin, die nur sieht was
sie sehen will.
Ich glaube du bist einfach nur dumm und möchtest
auch mal was schreiben
Ich glaube Du bist einfach nur eingeschnappt.
Ich glaube, du bist einfach zu wenig informiert

Ich glaube du bist gefährlich für deine Mitmenschen.
Ich glaube du bist hier auf der falschen facebook seite
mit deiner meinung.
Ich glaube Du bist hier nicht ganz richtig.
Ich glaube du bist hier verkehrt.
Ich glaube du bist im falschen post gelandet.
Ich glaube du bist recht bildungsfern, sonst würdest
du solchen Müll hier nicht ablassen....
Ich glaube du bist zur lange zur Uni gegangen oder
wieso fehlt dir die Fantasie Geschehnisse
aus Frankreich , GB oder anderen Län-
dern mal auf unsere Zukunft zu projizie-
ren?
Ich glaube du drehst Dir was zurecht!
Ich glaube du erwartest zuviel, hier ist eben ein
Querschnitt durch die Gesellschaft
anwesend.
Ich glaube du gehörst zu denjenigen, die sich schnell
von den Medien manipulieren lassen.
Ich glaube, du hast gar kein anderes Niveau!
Ich glaube du hast nicht mal ne Schule besucht!
Ich glaube du hast noch analog Internet ansonsten
würdest du solch ein scheiß auf dieser
Seite nicht schreiben
Ich glaube du hast noch nicht begriffen das gegen sich
integrierende Muslime niemand etwas hat
oder?
Ich glaube du hast recht das wir gegeneinader aufge-
stachelt werden.

Ich glaube du leidest an Paranoia und Verfolgungswahn
– hier wird nicht instrumentalisiert und
wegrationalisiert, hier wird Klartext geredet
und es werden Wahrheiten aufgezeigt.
Ich glaube du leidest unter Pegidaphobie.
Ich glaube du musst jetzt ins Bettchen!
Ich glaube du solltest dich mal eher informieren!
Ich glaube, du solltest dich selbst informieren, statt des
begleitenden Denkens durch die BRD-Me-
dien .
Ich glaube du solltest dir mal ein bild machen!
Ich glaube du unterstützt die falsche Demo.
Ich glaube Du verdrehst die Tatsachen!!!
Ich glaube du verkennst die Lage... dass man sich von
dem linken Gesocks nicht provozieren lässt
hat nichts mit Angst vor diesem Verein zu tun
Ich glaube du weiss gerade selber nicht was du von dir
gibst
Ich glaube Du wirst Dich bald umschauen was 2015
gegen Dich steht!!!!
Ich glaube eher an die Unschuld einer Prostituier-
ten,als an die Ehrlichkeit der Politik und
Medien.
Ich glaube eher an eine mossadaktion!
Ich glaube eher daran, das jetzt noch mehr für die
armen traumatisierten Flüchtlinge getan
wird.
Ich glaube eher das dresden der beweis dafür ist das
wir unsere stadt sauber halten.....

Ich glaube eher, dass die russische Armee tollstens aus-
gebildet ist, wenn es um Kriegsführung geht.
Ich glaube eher, dass hier einige Politiker um ihren
„guten" Ruf fürchten
Ich glaube eher, die geistige Brandstifter sitzen in Berlin.
Ich glaube eher die politiker sehen ihre felle davon
schwimmen
Ich glaube eher, für einige hier wird es auch bald ein
böses erwachen geben
Ich glaube eher sie hat sich von dem Herren am
Anfang distanziert.
Ich glaube eher unsere Kinder & Enkelkinder müssen
in Furcht leben....
Ich glaube eigentlich dem Westen nichts mehr!
Ich glaube, ein grund, warum die pegida bewegung in
dresden so erfolgreich ist, liegt daran, dass
die ostdeutschen städte noch relativ frei
von ausländischen mitbewohnern sind
Ich glaube ein Troll absolut blödsinnig, laut Verfas-
sungsschutz ist gerade mal 1% rechtsradika-
le oder dem hooligans zu zu ordnen.
Ich glaube, eine Religion (die ich persönlich nicht als
solche bezeichnen würde, ihr wisst welche
ich meine) könnte unser Untergang sein,
da sie es sind, die uns ungläubige nicht
tolerieren, weder im eigenen Land, noch
auf dieser Welt.
Ich glaube einfach, das mindestens ein geheimdienst
mitschuld an den opfern hat ...

Ich glaube einfach, dass der Großteil keine Lust hat,
dass sich Zustände entwickeln, die wie in
manchen Teilen von London z.B. schon
vorhanden sind...
Ich glaube einfach nicht mehr an das, was da alles im
TV -Nachrichten-Politik gequatscht wird.
Ich glaube, einige ziehen sich nur noch den Schuh der
Vergangenheit an und schaffen es nicht in
die Gegenwart zu schauen, um objektiv zu
urteilen oder gar konstruktiv...
Ich glaube, er scheisst auf linke Moralpredigten.
Ich glaube er will uns erzählen, dass es nach dem 2.wk
keine deutsche Männer mehr gab und es
Türken und araber sein mussten, um die
deutsche Rasse zu erhalten
Ich glaube erst mal keinem mehr und und versuche
Infos zu hinterfragen.
Ich glaube, erst wenn es einer Terrorgruppe gelungen
ist, in Deutschland einen Anschlag durch-
zuführen, werden noch mehr Bürger
verstehen wofür Pegida eigentlich ist.
Ich glaube es einfach nicht,die meisten haben schon
ihre seele verkauft.
Ich glaube es erst wenn ich es sehe...
Ich glaube es gäbe noch viel mehr die „unserer"
Meinung sind aber es trauen sich nicht alle
den Mund auf zumachen wegen Arbeitge-
ber ,angst um Job oder was weiß der
Geier....

Ich glaube es gehen noch zu wenige auf die Strasse,
das ist gemein

Ich glaube, es gehört mehr Mut dazu, zu einer
PEGIDA- Demo zu gehen, als zu einer
Gegendemo der Antifanten.

Ich glaube, dass kein anderes Land in Europa
sogar weltweit, so tolerant wie Deutschland ist.

Ich glaube es geht erst los ..... Volk steh auf !!!

Ich glaube es geht hier einfach gerade darum, das
viele Menschen nicht mehr akzeptieren
das islamische Extremisten in Deutschland machen können was sie wollen!

Ich glaube.....es geht jetzt erst richtig los!

Ich glaube es geht los.

Ich glaube es geht los!

Ich glaube, es ist nicht ratsam, diese Meinungen
öffentlich zu äußern, Islamisten beobach-
ten diese Seiten und ...

Ich glaube, es ist nur ein Vorwand, um PEGIDA
ohne große Gegenwehr aus dem Rennen
zu nehmen....

Ich glaube, es ist viel wichtiger solche Hetzer wie
Beck Mundtot zu machen, damit sie nicht
mehr irgendwelche Hirngespinste in die
Welt setzen können.

Ich glaube es ist zu schpet di islamisirung ist nicht
mer aufzuhalten ,vileicht sollten wier uns
damit abfinden

Ich glaube es ja nicht,diese Drecksäue.

Ich glaube es liegt vor allem daran, dass unsere Politiker nicht mit der Ubahn oder dem Bus zur Arbeit fahren

Ich glaube es muss mal wieder der Hof gekehrt werden, wenn es unsere verfickte brd nicht hinbekommt dann helfen wir nach

Ich glaube es nicht, in Paris töten Terroristen 12 Menschen und die demonstrieren gegen PEGIDA.

Ich glaube es nicht, man will hier der PEGIDA nur den Puhmann zuschieben!

Ich glaube es reicht auf jeden fall mehr, als irgend ein Üzgül Özdemir der hier einreist und behauptet, nach einer Generation in Deutschland sei er „Deutscher".

Ich glaube, es steckt ein ganz anderer Plan dahinter..... hinter allem :(

Ich glaube es wird spannend!

Ich glaube es wird wieder Randale geben.

Ich glaube es wird Zeit das wir mal Gezielt heraus finden wer alle unsere Politiker gekauft hat oder welche Politiker Dreck am stecken haben um sie somit zu erbrechen.

Ich glaube eure Angst vor einem 4.Reich macht euch blind auf diesem Auge.

Ich glaube, eure Gesinnung wird sich da ganz schnell ändern.

Ich glaube fast das geht nicht mit rechten dingen zu

Ich glaube Frau Merkel ist völlig fremdgesteuert und
hat jede Realität verloren.
Ich glaube ganz ehrlich gesagt, dass es ohnehin zu spät ist.
Ich glaube heute ist wirklich sämtliches linksfaschisti-
sches Pack in Leipzig.
Ich glaube hier hat niemand irgendwem was vorzu-
werfen was Geschichte betrifft.
Ich glaube hier im Saarland tut sich erst was wenn
denen der Arsch richtig brennt.
Ich glaube, hier passiert langsam ganz große Ge-
schichte.
Ich glaube hier schlafen noch alle.
Ich glaube hier sind schon ein paar von der Regierung
bezahlte Psychologen unterwegs, um die
Leute zu beruhigen.
Ich glaube... hier wird zensiert...!
Ich glaube ich bin nicht alleine und mittlerweile denkt
so gut wie jeder so wie Ich/Wir, wir dürfen
nicht länger weg schauen!
Ich glaube, ich hab mehrere Bücher über verschiede-
nen Religionen gelesen und war in ver-
schiedenen Gebetshäuser auf der Suche
nach wahrem Gott.
Ich glaube ich habe die letzten 25 Jahre geschlafen.
Ich glaube ich habe mehr Ahnung als manch anderer hier.
Ich glaube ich habe mehr Einfluss als ihn recht ist.
Ich glaube ich habe mich deutlich genug ausgedrückt.
Ich glaube ich habe nicht einen lonsdale pullover
gesehen.

Ich glaube ich komme auch mal nach Leipzig.

Ich glaube ich muss brechen!!!

Ich glaube ich muss mal ein Wort mit diesem Allah
reden xD

Ich glaube ich muss meine Verhältnisse und Beziehun-
gen neu ordnen.

Ich glaube ich muss nicht erst betonen das ich persönlich wirklich sehr enttäuscht bin.

Ich glaube ich sollte meinen ausweis wegschmeissen und
wieder ausländer werden, denn als deutscher
hat man keine rechte nur noch pflichten

Ich glaube ich spinne, abschieben sollte man die ganze
Familie

Ich glaube ich spinne die sollen erst mal richtig
deutsch sprechen denn das kennen die
meisten nicht

Ich glaube ich spinne!

Ich glaube ich wähle im Februar die AfD in Hamburg.

Ich glaube ich werde als Wahnsinniger eingesperrt,
weil ich das sage.

Ich glaube Ihnen kein Wort!

Ich glaube ihr könnt das alle nur nicht mehr verstehen
weil ihr euch längst vom Glauben abgewen-
det habt.

Ich glaube im inneren wird pegida befürwortet

Ich glaube im Moment ist die einzige wählbare Partei
die AfD.

Ich glaube im nächsten jahr sind wir klüger, wichtig ist
nur nicht auf zu hören!

Ich glaube, im TV werden sogar die Zahlen der
Teilnehmer gefälscht...
Ich glaube in Der Regierung sitzen Leute, die von
Erziehung nichts gahabt haben
undoooooooooooooo Ahnung haben.
Ich glaube in dieser Kack-Welt nicht mehr an Zufälle.
Ich glaube in Frankreich tut sich auch eine Menge.
Ich glaube in leipzig kann man geschichte schrei-
ben,aber das wissen auch die anderen....
Ich glaube ja an vieles... auch daran, dass es vielleicht
bald zu einem Krieg der Kulturen kommen
wird, wenn zu viele verschiedene Kulturen
aufeinandertreffen.
Ich glaube ja, da muss man kein Prophet sein.
Ich glaube jedenfalls nicht das die Pegidabewegung
Dresden schadet.
Ich glaube jeder der halbwegs gut informiert ist, weiß
das.
Ich glaube jeder hat irgendwas, was ihn momentan
stört, sei es die Manipulation durch die
Presse, GEZ usw....
Ich glaube jeder hatte Geschichtsunterricht- Fakt ist es
geht um die Gegenwart und Zukunft!
Ich glaube jetzt sollten manche wach werden oder ???
Ich glaube kaum, das diese armen Geschöpfe Geld für
Flug-,Bahn-und Schiffsreisen haben.
Ich glaube kaum, dass die die Verantwortung über-
nehmen möchten, wenn es wirklich zu
einem Anschlag kommt.

Ich glaube kaum, dass hier jemand Bildleser ist, oder
eine der anderen Mainstreammedien folgt.

Ich glaube keiner staatlichen statistik , welche nach
nov 2014 erstellt wurde, zum theama
integration

Ich glaube langsam das sich leute in die seite einklin-
ken von der Regierung beauftragt und
solche Beiträge löschen.

Ich glaube langsam dass hat sich erledigt mit Pegida,
ihr habt den Karren in den Sand gesetzt
anstatt wirklich zu kämpfen.

Ich glaube langsam pegida ist gesteuert u Teil des
Plans...jeder Dumme muss doch verstehen
dass die Anschläge geplant waren um
Feindbilder zu errichten.

Ich glaube langsam wird es wichtig eine ANTI – antifa
BEWEGUNG zu gründen!

Ich glaube, man hat Dich angelogen.

Ich glaube man wartet sogar darauf das was bei uns
passiert um dann sagen zu können: ihr habt
es ja herausgefordert mit Euren Demos.

Ich glaube mehr muss man nicht sagen.

Ich glaube mich sachlich genug ausgedrückt zu haben.

Ich glaube mit einem Bürgerkrieg würde es Villt
wieder in die richtige Richtung gehen !!

Ich glaube mit meiner meinung ein verteidiger der
demokratie zu sein.

Ich glaube mit Sicherheit nicht was in der BILD oder
so steht.

Ich glaube mittlerweile das wir von einer Minderheit
regiert werden , die aber bereit ist auf die
Straße zu gehen und auch zu Wahlen !
Ich glaube muss ich auswandern
Ich glaube nach diesen taten muss die geschichte der
welt neue geschrieben werden .
Ich glaube natürlich auch an das Märchen von NSU :)
Ich glaube nciht, dass man einen Grünen noch ernst
nehmen kann, Ich selbst habe 1990 noch
die Grünen gewählt, bion dann aber eines
Besseren belehrt worden.
Ich glaube net da ach nein weil da auch viele linke
sind....
Ich glaube nicht, aber ich werde verurteilt und abge-
stempelt...
Ich glaube nicht alles blind.
Ich glaube,nicht allzu lang und dann gibts den längst
überfälligen Knall.
Ich glaube nicht an demokratische wahlen in BRD
Ich glaube nicht an den Christentum.
Ich glaube nicht an die NSU, weil hier viel zu viele
Dinge unklar sind, siehe Video!
Ich glaube nicht an ein Anschlag.
Ich glaube nicht an Zufälle!
Ich glaube nicht, dann man mich Nazi, dumm oder
Rassistin nennen kann ;-)
Ich glaube nicht daran, daß IS diese Drohungen
ausgesprochen hat, es ist ein abgekatertes
Spiel unserer Regierung......

Ich glaube nicht daran, dass unsere Wahlen fair
        ablaufen!!
Ich glaube nicht das auf verdorbenem Boden etwas
        gutes gedeiht, das gesamte BRD System
        muss weg...
Ich glaube nicht, das das alles Nazis sind.
Ich glaube nicht, das die Gegner die damals noch
        gelacht haben, heute auch noch lachen!
Ich glaube nicht das diese demos viel mit „national
        sozialismus" zu tun haben!
Ich glaube nicht das dieses Attentat in Paris von
        Islamisten durchgeführt wurde.
Ich glaube nicht das Du mir den Nazistempel aufdrü-
        cken must
Ich glaube nicht das du weisst was ideale bedeutet,und
        ich habe auch keine lust eine diskussion mit
        dir zu führern
Ich glaube nicht das es euch vor der Antifa schützt
        wenn ihr Spazieren geht, die verstehen nur
        eine Sprache.
Ich glaube nicht das Flüchtlinge aus Ostpreussen und
        Schlesien etwas mit Kriminellen Tunesiern
        zu tun haben
Ich glaube nicht das Ihr auch nur ansatzweise das Po-
        tential nutzt, welches Eure Anhänger haben.
Ich glaube nicht das Islamisten den Anschlag in Paris
        verübt haben das waren entweder die CIA
        oder der Mossad trotzdem bin ich für
        PEGIDA.

Ich glaube nicht, das mit Lügenpresse, diese 12 Journa-
    listen einer Islamkritischen Zeitung ge-
    meint waren.
Ich glaube nicht, dass der querschnitt einer antifade-
    mo , dem der pegidianer intellektuell
    überlegen ist.
Ich glaube nicht, dass dieser Justizminister in meinem
    Kabinett Platz hätte.
Ich glaube nicht, dass es unmöglich ist, dass der
    Bundeskanzler im Jahre 2020 ein in
    Deutschland geborener und aufgewachse-
    ner Muslim ist
Ich glaube nicht, dass ich von ‚moslemischen Errun-
    genschaften schwadroniert' habe.
Ich glaube nicht, dass Pegida gegen Islam oder allge-
    mein gegen Religionen sind, ich denke
    vielmehr, dass Pegida für Menschenrechte
    kämpfen.
Ich glaube nicht, dass sich auf dieser Plattform hier
    auch nur einer findet, der vor 70 Jahren da
    mit ner Fahne gewunken hätte.
Ich glaube nicht, dass sie sich in den abseits stellen.
Ich glaube nicht, dass unsere Regierung auf „ Stim-
    men" Wert legt.
Ich glaube nicht, gehe weder in die Kirche, noch in ein
    sonstiges Gotteshaus.
Ich glaube nicht mehr dass die Politikerklasse wach
    wird.

Ich glaube nicht solang man nicht direkt betroffen ist
..geht in deutschland alles seinen gang ..
dazu ist der normaldeutsche zu blöd ..der
braucht erst immer eine richtig auf die
waffel bevor er aufwacht

Ich glaube nicht wirklich an eine Terrorgefahr, es ist
der letzte verzweifelte Versuch pegida auf
zu lösen.

Ich glaube nichts, über das man nicht nachdenken darf!

Ich glaube nur an die Sachen mit denen ich groß
geworden bin und die lass ich mir nun mal
nicht verbieten ich bin deutscher und da
bin ich sogar stolz drauf!!!!

Ich glaube nur den Experten, die die Finanzkrise
vorhergesehen hatten.

Ich glaube nur was ich sehe, erlebe und anfassen kann.

Ich glaube nur was ich sehe und nicht diese BND/CIA
Märchen!!!

Ich glaube (offen) an einen überdimensionalen Wahl-
betrug.

Ich glaube PEGIDA verliert seinen Schwung.

Ich glaube, rot/grün verfolgt ganz andere Ziele, näm-
lich, dass wir Deutsche (Sprache und
Kultur) über kurz oder lang von der Land-
karte verschwinden und ein anderes System
hier an die Macht kommt.

Ich glaube sagen zu dürfen: alle mohammedanischen
Staaten sind heute noch dasselbe, was sie
vor hundert Jahren gewesen sind

Ich glaube schon, dass es eine konkrete Drohung gibt.
Ich glaube schon dass FB die demokratische Meinung
der Deutschen verkörpert!!
Ich glaube schon dass leute aus poltik , wirtschaft und
medien ein netzwerk gesponnen haben
und wir sind bloss die marionetten !
Ich glaube schon lange keinem politiker mehr,... egal
welcher partei er angehört,...
Ich glaube schon lange nicht mehr, das unsere christli-
chen Kirchen der Nächstenliebe verpflich-
tet sind.
Ich glaube schon langsam, die medien führen eine
verhaltensstudie am deutschen volk
durch...
Ich glaube sehr wohl, dass ich fit im Thema Deutschland, deutsche Geschichte (mehr oder
weniger) bin.
Ich glaube, sie beide sind nur Trollprofile!
Ich glaube Sie gehören selbst dem Islam an. !!!
Ich glaube Sie haben „daumen hoch" nicht verstanden.
Ich glaube sie haben den Schuß noch nicht gehört.
Ich glaube, Sie haben entweder nicht ALLES bei
Pegida gelesen, oder Sie haben nicht
ALLES bei Pegida VERSTANDEN (oder
nicht verstehen wollen?)
Ich glaube, Sie haben gerade die Hose runtergelassen
und zeigen, das Sie wirklich nichts von
dem verstanden haben was ich sagen will.

Ich glaube sie haben sich für mich mit so einer Aus-
	sage völlig dequalifiziert :/
Ich glaube sie haben zuviel mit Özdemir aufm Balkon
	gesessen
Ich glaube sie hat auch etwas Angst vor nen Deschawü
Ich glaube sie hat noch nicht begriffen was hier eigent-
	lich läuft ist alles ähnlich wie 89
Ich glaube sie sind etwas wirr, oder?
Ich glaube sie sind nicht in der Lage zu lesen und zu
	verstehen!
Ich glaube Sie sind total auf den Kopf gefallen
Ich glaube sie verwechseln hier etwas, wenn sie
	Beschimpfungen lesen wollen, gehen sie
	doch auf Foren wie z.B. „Neues Deutsch-
	land".
Ich glaube so haben wir uns das nicht gewünscht.
Ich glaube sogar das hier immer noch Kräfte am Werk
	sind die Europa bewusst Schaden wollen!!
Ich glaube, solche feinsinnigen Kommentare werden
	heute von den Machern der Presse über-
	haupt nicht kapiert.
Ich glaube Tolleranz haben die Deutschen schon
	genug bewiesen jetzt wird's Zeit mal zu
	sagen bis hier hin und nicht weiter
Ich glaube und denke was mann hier von mansch ein
	nicht behaupten kann
Ich glaube, unsere abendländische Kultur ist echt
	bedroht...
Ich glaube unsere Politiker sind schon alle islamisiert

Ich glaube, unserer Aller Angela beginnt bei den
        Bürgern türkischer Herkunft schon mal
        mit dem Wahlkampf.
Ich glaube viele Hoffnungen ruhen auf uns.
Ich glaube viele Menschen haben gar kein eigenes
        Gehirn mehr. :(
Ich glaube von Pagida pauschalisiert keiner, die
        Politiker aber schon.
Ich glaube vor fünf Jahren hätte ich auch noch nicht
        so gedacht
Ich glaube weniger an Islamisten als eher an die linke
        Staatstruppe, was Anschläge anbelangt !
Ich glaube wenn ich in Südafrika oder in einem
        muslimischen Land so auf die Straße gehen
        würde, würden die mich direkt erschießen.
Ich glaube wenn jeder die Augen auf machen würde,
        würde es jeder verstehen, vlt. Sind sich
        manche einfach zu stolz zu sagen das sie
        Jahre oder Jahrzehnte falsch lagen
Ich glaube wenn wir dafür auf die Straße gehen, wird
        das ganz schnell auf ganz Europa übergehen.
Ich glaube, wenn wir denen weiter das Feld überlassen,
        ist die deutsche Sprache bald völlig unlesbar.
Ich glaube wenn wir Deutschen uns mal wieder auf
        unsere Tugenden besinnen, wenn wir
        unsere Kultur pflegen und schützen und
        wenn wir Stolz auf unser Land sein dürfen
        ohne Rechts zu sein, wären wir ein Stück
        weiter.

Ich glaube wenn wir nicht langsam was tun, gibt es
        bald kein Deutschland mehr und alle die
        verstand haben reisen aus.
Ich glaube wenn wir schweigend zuschauen werden
        die uns nicht verschonen sondern trotzdem
        mit uns machen was ihnen passt.
Ich glaube wenn wir wüßten was die politiker hinter
        verschlossenen türen so alles planen wür-
        den uns die haare zu berge stehen.
Ich glaube wir dürften alle nicht wählen
Ich glaube wir haben in Deutschland ein Problem mit
        den Linken und nicht mit den Rechten !
Ich glaube wir leben nur noch zu 40% Deutsch.
Ich glaube wir müssen bald Asyl in Finnland bean-
        tragen.
Ich glaube, wir waren bestimmt 25.000.

Liebe

Ich liebe alle Leute mit echter Identität

Ich LIEBE alle Menschen aber ich hasse Sünde und
LUGEN tschuss

Ich liebe alle Menschen und ich möchte nicht, dass die
armen Ausländer mit den ganzen bösen
Nazis hier Probleme haben müssen ;)

Ich liebe auch katzen ...

ICH LIEBE DEN SCHWARZEN LIEBER ALS DEN
KAPITALISTISCHEN JUDEN DER SEINE
EIGENE BRUT AUFHÄNGEN LÄSST !

Ich liebe deutchland und must keine islam in deutchland und in frankreich !!!

Ich liebe deutschelaaaand

Ich liebe DEUTSCHELAND.

Ich liebe Deutschland.

Ich liebe Deutschland!

Ich liebe Deutschland, genau so wie 95% der Wurzel-
deutschen

Ich liebe Deutschland so sehr, unsere Ordnung, unsere
Wirtschaft, unsere Freiheit, unsere Bildung,
unseren Wohlstand, unsere säkulare Kultur

Ich liebe Deutschland über alles, über alles auf der
Welt!

Ich liebe Deutschland, und das wird für immer so
bleiben...

Ich liebe Deutschland und die Deutschen!

Ich liebe Deutschland und Europa!

Ich liebe deutschland und ich würde für deutschland
kämpfen

Ich liebe Deutschland weil man hier in FRIEDEN
leben kann!!!

Ich liebe deutschland wir können zusammen sehr gut
leben wen ihr langsam aufwacht

Ich LIEBE DICH NRW !

Ich liebe die Blockierfunktion.

Ich liebe die deutsche Fahne und bin Stolz auf meine
Heimat.

Ich liebe die deutsche Kultur, die deutschen Bräuche
und, dass Deutschland (auch optisch) ein
christlich geprägtes Land ist.

Ich liebe die Dresdener.....schon damals 1989.........Hut ab !

Ich liebe die freie Art wir wir in Europa leben und genau
darum kämpfe ich und laufe mit der PEGIDA
- da die Werte immer mehr den Abgrund
runter gehen in einem grün / kommunis-
tischen Einheitsbrei den ich verabscheue.

Ich liebe die Geschichte dieses Landes,die Sprache
dieses Landes,die Dialekte dieses Landes und
das Essen...DE ist eure Vaterland ihr musst
euren Land schützen!

Ich liebe die Pegida-Bewegung.

Ich liebe die Stadt Dresden und die Sachsen(Sächsin-
nen :-))!

Ich liebe die wehrhafte Demokratie!

ich liebe die Zweideutigkeit

Ich liebe dieses Deutschland, wenn ich es nicht tun
würde - dann habe ich jeder Zeit die Möglichkeit auszuwandern?!

Ich liebe dieses Land.

Ich liebe dieses Land :)

Ich liebe dieses Land und seine Menschen, die sich an
diese, unsere abendländische Kultur orientie-
ren.

Ich liebe Dresden du Scheeeißer :-)

Ich liebe Dresden ...pro pegida

Ich liebe Dresden und ihre aufrichtigen, mutigen,
lebensbejahenden Menschen.

Ich liebe Dresden!!!!!!!!!!!!

Ich liebe es wenn ich die Zornesfalte von denen bis auf
meinem Bildschirm sehe.

Ich liebe es, wenn jemand mit seinen eigenen „Waffen“
geschlagen wird...

Ich liebe es, wenn sich die Leute Informationen
beschaffen, anstatt pauschal nach Bauchge-
fühl zu Urteilen.

Ich liebe es wie die PEGIDA sich Freunde macht

Ich liebe euch

Ich liebe euch.

Ich liebe Euch.

Ich liebe Euch!

Ich LIEBE EUCH!!!!

Ich liebe euch.......

Ich liebe euch ;-)

Ich LIEBE EUCH :

Ich liebe euch... :-)

Ich liebe euch alle !

Ich Liebe euch alle!

Ich liebe Euch alle!!!!

Ich liebe euch macht weiter so , bis die Medien brechen vor lauter Berichterstattung bis sich Merkel & Co geschlagen geben müssen !

Ich liebe euch so sehr!!!!

Ich liebe euch...viva pegida

Ich liebe europa mann hat ja uhrlaub gemacht zb italien um die kultur Kennen zu lernen und fahr mal,jetzt in italien wie ein getto.

Ich liebe Europa ,und sehe wie unsere Politiker, alles an die Wand fahren .

Ich liebe Europa! :-) (I love Germany! I love Europe!)

Ich liebe ganz Deutschland ...... aber Dresden ganz besonders!

Ich LIEBE Helmut Schmidt.

Ich liebe IHN ;)

Ich liebe Leipzig, aber hier gibt es nun mal eine starke Antifa-Szene.

Ich liebe mein Dresden

Ich liebe mein Heimatland Deutschland.

Ich liebe mein Land bin stolz auf meine Heimat.

Ich liebe mein Land die mir die Möglichkeit gegeben hat das zu sein was ich heute bin.

Ich liebe mein Land und möchte das es sich nicht negativ verändert , ich habe nichts gegen Ausländer im allgemeinen , ich hatte ja auch schon Freundinnen aus 5 verschieden ländern

Ich Liebe mein Land!

Ich liebe mein Vaterland und möchte gerne diese
Kultur hier beibehalten - meine Mitmen-
schen sind mir ebenso wichtig wie meine
Heimat - nur weil ich diese Ansicht inne
trage, so bin ich noch lange kein Rassist!
Ich liebe mein Vaterland und stehe gern patriotisch
dafür ein.
Ich liebe meine Freiheit, meine Möglichkeit meine
Meinung zu schreiben und zu sagen.
Ich liebe meine Heimat, die Deutschland ist ;)
Ich liebe meine Heimat und schäme mich für die
Leute die selbst gegen ihre Heimat sind und
von den Medien(Geschichte) verblendet
worden sind.
Ich liebe meine Kultur, leider geht immer mehr davon
unter.
Ich liebe meine Maus trotzdem und wir sind für alle
PEGIDA VON A BIS Z wir sind das Volk
Ich liebe meine Nächsten, aber muss ich Fremde
lieben?
Ich liebe meine republik.
Ich liebe mich auch. :-)
Ich liebe Montag‘e, weiter so.
Ich liebe nur meine freiheit mehr .
Ich liebe Paulaner, bradtwurst ,BMW, Und Pegida
Ich Liebe Pegida.
Ich liebe pegida.deutschland komm schon fur des
eigenes volkes auf!!!
Ich liebe Pegida und ich bin nicht rechts ......

Ich liebe PEGIDA!!

Ich liebe PEGIDIA kann aber nicht mitmachen weil
ich von Montag bis Freitag auf arbeit bin

Ich liebe/respektiere europäische Kultur & Moral.

ich liebe Sarkasmus

Ich liebe Sarkasmus auch ;)

Ich liebe Schweinefleisch und werde es weiter essen,
ich lass mir das von keinem verbieten.

Ich liebe Sie auch.)))

Ich liebe Sie nicht.

Ich liebe sie sogar.

Ich liebe sie und somit müssen sie mir nichts geben.

Ich liebe solche Beiträge über das linke Gesocks.

Ich liebe sowas

Ich liebe tiere über alles

Ich liebe unsere Bräuche und es erschreckt mich, wen
immer mehr bei uns Demontiert wird nur
weil sich die Moslime sich daran gestört
fühlen.

Ich liebe unsere Mentalität!

Ich liebe unsere Nationalhymne!

Ich liebe unsere Werte.

Ich liebe Xavier usw......also bitte, ein Nazi ist was
anderes.

Ich liebe Zürich und sende einen Gruß aus Stuttgart!

Hoffnung

Ich hoffe 2015 wird das ganze auch mehr in die „alten"
Bundesländer getragen.

Ich hoffe 40.000 +

Ich hoffe aber auf mehr.

Ich hoffe aber das es weh tut

Ich hoffe aber..Es erwischt die RICHTIGEN...

Ich hoffe alle dauer besucher dieser moschee werde
sofort ausgewiesen und jede moschee steht
in europa auf dem prüfstand

Ich hoffe alle Menschen wachen auf ,und sind alle auf
der Straße ;-)

Ich hoffe auch, das dies nur der Anfang ist.

Ich hoffe auch das es im Norden bald noch mehr
Städte gibt denn wenn das Volk einmal in
Bewegung ist lässt es sich nicht mehr aufhal-
ten

Ich hoffe auch das jetzt noch mehr Menschen ein Licht
auf geht!

Ich hoffe auch der letzte schwachmat begreift warum
wir auf die Straße gehen

Ich hoffe auch der Rest der Deutschen wacht endlich
auf und lässt sich durch falsche Aussagen der
Medien nicht mehr beeinflussen

Ich hoffe auch deshalb, da ich krankheitsbedingt zur
eventuell notwendiger Gegenwehr nur sehr
eingeschränkt fähig bin.

Ich hoffe auch dringend auf Ffm.

Ich hoffe auch in mv wachen die leute auf und ihr
werdet größer!

Ich hoffe auch NRW wird richtig mitziehen

Ich hoffe auch wieder auf ein Deutschland, ohne
Diktatur von oben.

Ich hoffe auf eine baldige Demo in Hannover.

Ich hoffe auf viele, viele Teilnehmer!!

Ich hoffe BAGIDA plant jetzt endlich mal einen
Spaziergang

Ich hoffe bald gehts hier los...

Ich hoffe bald ich möchte es auch wieder haben..

Ich hoffe bald überall

Ich hoffe bei den nächsten wahlen in hamburg und
bremen das alles was links und grün ist
richtig einen auf die „mütze" bekommt!

Ich hoffe bei den nächsten Wahlen , wählt ihr alle die Afd!

Ich hoffe bei uns wird nie so wern wie bei euch - und
dafür gehe ich auch auf die strasse wenns
möglich ist

Ich hoffe da drauf, dass diese linksextremistischen
Steinewerfer durch die Kräfte der Polizei
weit von euch gehalten werden.

Ich hoffe da sind erst mal die richtigen dran

Ich hoffe dafür so laut!!!!

Ich hoffe damit es noch viel viel mehr werden.

Ich hoffe dann das die alle als Sklaven gehalten werden mit Kopftuch und ohne Rechte und in
Angst dahin vegetierend.

Ich hoffe dann mal auf unsere Polizei..wenn es hart
auf hart kommt werden diese hinter uns
stehen...

Ich hoffe darin wird mal später zu lesen sein, dass ihr
was losgetreten habt was schon lange über-
fällig war und dadurch diese verlogene
volksfeindliche bundesregierung zur fall
gebracht wurde.

Ich hoffe das 2015 Millionen Menschen überall in
Deutschland auf die Straßen gehen und
endlich Volksabstimmungen durchsetzten.

Ich hoffe das alle Eier in der Hose haben und nicht auf
diesen Schwachsinn reinfallen!

Ich hoffe das alle Pegida Anhänger diese Parteien nicht
mehr wählen die zerstören unser ganzes
Deutschland und spaltet das Deutsche Volk.

Ich hoffe das bald ZIGTAUSENDE in Dresden friedlich auf die Strassse gehen !

Ich hoffe das bei der nächste Wahl jeder von uns das
kreuz an der richtigen Stelle macht AFD nur
so können wir noch mehr erreichen

Ich hoffe das da was endlich in Bewegung kommt ...

Ich hoffe das Deutschland erstärkt und aufwacht und
sich irgendwann die Gemeinschaft wieder
erhebt und wir alle eine Starke nation so wie
einst werden

Ich hoffe das die „Facharbeiter" Dir und Deiner
Familie richtig was antun ...und dann will ich
Dein Gutmenschen Geschwafel aber bitte
IMMER noch genauso wie jetzt hören ...!!!

Ich hoffe das die Antifa dann den Schädel eingeschla-
gen bekommt.

Ich hoffe das die Bewegung ankommt, denn ich finde
das sehr wichtig.

Ich hoffe das die Demokratie siegen wird.. die wahre
Demokratie

Ich hoffe das die Erde sich für den Spinner sich öffnet
und er in der Hölle brennen tut.

Ich hoffe das die ersten die leiden müssen die Politiker
sind... die wären ein gerechtfertigtes Ziel

Ich hoffe das die Islamisten gestoppt werden.

Ich hoffe das die PEGIDA Bewegung weiter wächst...
denn PEGIDA ist ein Aufstand der Anstän-
digen!!!

Ich hoffe das die Pegida-bewegung bis zur Wahl
durchhält dann bekommt die jetzige Regierung den Ar... voll.

Ich hoffe das die politiker die uns das antun ihre strafe
bekommen ....

Ich hoffe das diese 12000 auch beim Spaziergang in
München dabei sind ! ! !

Ich hoffe das diese Bewegungen auch etwas bringt und
endlich eine wende bringt!

Ich hoffe das diese homosexuellen von der politik
ferngehalten werden ,diese schwuchtelei
sol aufhören und richtige menner an die
macht sein

Ich hoffe das diese jetzt auch mal anfangen zu denken.

Ich hoffe das dieser spinner der alles der antifa erlaben
tut bald verschwindet

Ich hoffe, das dieser Tag bald kommt..

Ich hoffe ,das du bald einem Anschlag deiner Islamis-
    tischen Freunde erliegst !!!
Ich hoffe das du dich in der Sahara verläufst!
Ich hoffe,das Dummland JETZT wach wird.....
Ich hoffe, das durch deinen Auftritt den vielen Zweif-
    lern einiges klar geworden ist....jawohl...wir
    sind das Volk....
Ich hoffe das eines Tages in Deutschland ,Deutsche
    Politik von Deutschen gestaltet wird und
    nein ich bin kein Nazi
Ich hoffe das endet nicht wie die AFD, die sich mittler-
    weile nur noch „distanziert" und rechtfertigt
Ich hoffe das endlich mal einer dieser Gut Menschen
    am eigenen Körper erfährt was wirklich los
    ist wenn ich berichte höre wie Deutschland
    ist gegen Pegida könnte ich kotzen
Ich hoffe das entspricht der deutschen Rechtschrei-
    bung und Grammatik.
Ich hoffe das ermutigt weitere die Kirche zu verlassen...
Ich hoffe das es auch bald Ne Demo im Großraum
    Stuttgart oder um Stuttgart gibt.
Ich hoffe, das es auch in Ö mehr werden.
Ich hoffe das es bald mal richtig kracht in Deutschland
    schmeist dieses fordernde Pack raus aus
    Deutschland
Ich hoffe das es dann die richtigen trifft.
Ich hoffe das es in Deutschland bald mal richtig knallt
    und ihr werdet dann hoffentlich endlich die
    Augen öffnen!!!

Ich hoffe das es noch mehr werden.!!!!!!
Ich hoffe das es noch mehr werden als jetzt.
Ich hoffe das es viele begreifen werden
Ich hoffe das es weiter mit den Spaziergängen geht
und das jede Woche mehr Leute den Mut
haben auf die Straße zu gehen!
Ich hoffe das euch die hogesa so den hinter vollhaut,
das eure mütter euch schreien hören.
Ich hoffe das ihr euch nicht klein treten laßt.
Ich hoffe das ihr medial und politisch nicht in die
schranken gewiesen werdet.......
Ich hoffe das ihr weiter macht
Ich hoffe das im Jahr 2015 wir nicht mehr von Tausen-
den Pegida Anhängern reden, sondern von
Millionen.
Ich hoffe, das ist nicht das Ende, einer fantastischen
Bewegung!
Ich hoffe das jeder Polizist in Frankreich diesen feigen
Mord, bei einer möglichen Ergreifung dieser
Wesen, ,egal welcher Nationalität,Religion
und Hautfarbe, vor Augen hat und dann
seine Entscheidung trifft.
Ich hoffe das jetzt die Asülys und Islamies zurückge-
führt werden !
Ich hoffe das kriegt ihr irgentwann im Schädel rein ....
Ich hoffe das Legida und Pegida mehr politische
statements mit in das Programm nehmen zB.
Wieso haben wir immer noch kein Friedens-
vertrag oder keine Verfassung oder wieso

sind wir immer noch besetzt oder wieso sind
wir doppelt staatenlos usw.
Ich hoffe das man hier in Belgien nun auch langsam
„erwacht" und sieht was man mit dem
Import von Muslimen nach Belgien ange-
richtet hat!!!
Ich hoffe, das man Pegida irgendwann mal nicht mehr
als „Tumor" in der Gesellschaft sieht, den
man einfach operativ entfernt.
Ich hoffe, das Merkel irgendwann aufgibt.
Ich hoffe das nächste Opfer ist in Deinem Bekannten-
kreis...
Ich hoffe das nimmt mir jetzt keiner übel das sind
einfach meine ganz persönlichen Gedanken.
Ich hoffe das noch mehr Leute auf die Straße gehen....
Ich hoffe das noch mehr Menschen wach werden und
sehen um was es hier geht.
Ich hoffe das noch mehr werden und das die Demos in
jeder großen Stadt in de stattfinden..also
Leute raus auf die Straßen !!
Ich HOFFE das nun viele aus der Kirche austreten!
Ich hoffe das paar Leute werden jetzt anders über
Pegida denken.
Ich hoffe das passiert auch mit Deutschlands Feinden!
Ich hoffe das Pegida an die macht kommt!!
Ich hoffe das Pegida auch ganz bald nach Stuttgart
seine Arme auswirft und es hier Demos
gibt denn im Moment gibt es nur die
gegendemos :-(

Ich hoffe das PEGIDA bald in Deutschland das
schafft, was 89 unser Volk geschafft hat.
Ich hoffe das PEGIDA in naher Zukunft ein fester
Bestandteil von Europa wird
ICH HOFFE DAS PEGIDA,JETZT AUCH IM GANZ
DEUTSCHLAND NOCH MEHR ZULAUF
BEKOMMT!!!
Ich hoffe das reicht ihnen fürs erste , da ich zur Arbeit
muss .
Ich hoffe das sich bald was ändert, und alle wieder in
ihr Land zurückmüssen.
Ich hoffe das sich genügend finden werden sich
diesem linken Abschaum entgegenzu-
stellen ....
Ich hoffe das sich was dreht im Land.
Ich hoffe das Sie es spätestens bei der nächsten Wahl
spühren wie Sie uns Deutschen verarschen
Ich hoffe das sie Leute wie dich als Putzlappen benut-
zen...
Ich hoffe das System zahlt euch einen guten Judaslohn
dafür das ihr nationale Deutsche aus grenzt
und denen da oben in die Hände spielt.
Ich hoffe das Verhalten der Antifa wird konsequent
verfolgt.
Ich hoffe das Volk steht bald auf!
Ich hoffe das, was in den südlichsten Provinzen
passiert, wird sich in den nächsten Jahrzehn-
ten nicht auch noch auf andere Provinzen
uebertragen.

Ich hoffe das Wetter spielt mit.

Ich hoffe das wir alle immer noch das Volk sind?

Ich hoffe das wir einen Wandel in Deutschland und
Europa hinkriegen.

Ich hoffe das wir uns eines Tages alle gemeinsam
erheben und diese Menschen bekämpfen,
koste es was es wolle.

Ich hoffe,(!) dass(!)...

Ich hoffe, dass bald alle aufwachen.

Ich hoffe dass Berlin in sachen Pegida auch auf die
beine kommt, aber das wird schwer, der
anteil an moslimen ist hier extrem hoch

Ich hoffe dass D langsam erwacht und hoffe auf
weitere Städte.

Ich hoffe, dass das ganze Demonstrieren irgendwann mal eine durchschlagende Wirkung
zeigt.

Ich hoffe, daß der Rest der Deutschen nun wachgerüt-
telt wird!

Ich hoffe, dass die AfD so stark wird, dass die Union
nicht an ihr vorbei kommt.

Ich hoffe dass die Deutschen Gerichte da streng sein
werden!

Ich hoffe, dass die Generation vor mir bald ausstirbt,
damit der Etablierten-Sumpf nicht mehr
allzu lange dominiert !

Ich hoffe, dass die Leute von Deutschland und Europa
dieser Lüge sich widersetzen.

Ich hoffe, dass die USA bald aufwacht.

Ich hoffe, daß diese Bewegung wächst und wächst und
wächst!
Ich hoffe, dass dieses DrecksAbschaumPack, unter
dem Deckmantel islamischen Glaubens, bei
Euch als erstes auf der Matte stehen!!!!
Ich hoffe, dass Dresden zu einem Modell für ganz
Europa!
Ich hoffe, dass du recht behälst, aber unterschätze
nicht die Volksdummheit/Gutmenschentum!
Ich hoffe, daß es bald in München klappt.
Ich hoffe dass es bei uns auch bald los geht, Passau,
Landshut, Regensburg?
Ich hoffe dass es bei uns auch noch mächtig kracht,
damit die Menschen durch diesen knall aus
ihrem „Dornröschen-Schlaf" gerissen
werden!
Ich hoffe,daß es im Frühjahr nicht zehn-, oder zwan-
zigtausend ,sondern hunderttausende sind.
Ich hoffe, dass es immer mehr werden und das alles
Schlafschafe endlich mal aufwachen.
Ich hoffe, daß es nun auch der Dümmste in 4 Jahren
begriffen hat und die Wahl boykottiert!
Ich hoffe,daß ganz viele kommen, i kann leider nicht,-
muß arbeiten
Ich hoffe, dass ich nie hergehen muss und sagen „ich
habe es die ganze Zeit gesagt, aber sie woll-
ten nicht kapieren"
Ich hoffe dass in Deutschland mal richtig „die Bombe
platzt"!

Ich hoffe, dass in Leipzig keine Moschee gebaut wird
und dass wir ggf dafür kämpfen, dass eine
Baugenehmigung rückgängig gemacht wird.
Ich hoffe, dass in Leipzig richtig was geht
Ich hoffe daß in München auch endlich was geplant
wird, denn München hats ganz, ganz nötig
Ich hoffe, dass Leipzig richtig groß wird und seinen
eigenen Weg geht.
Ich hoffe, dass Pegida und AFD viel in Deutschland
erreichen werden, damit endlich wieder
Politik für unser Land gemacht wird.
Ich hoffe, dass PEGIDA wirklich für die christlichen
Werte steht und somit auch Abtreibungen
bekämpft!
Ich hoffe, daß sich die Kripo weder von den dumpf
hetzenden Medien, noch von einem der
üblichen Politclowns bei der Aufklärung von
der richtigen Spur abbringen läßt.
Ich hoffe, dass sich PEGIDA noch tausende mehr
anschließen.
Ich hoffe, dass Sie sich mehr mit den Inhalte beschäf-
tigt haben, als Schreibfehler zu suchen.
Ich hoffe, dass trotz eines Verbotes von PEGIDA alle
weiter auf die Straße gehen.....
Ich hoffe, daß viele in knapp 3 Jahren noch daran
denken, wie es heute gewesen ist.
Ich hoffe, daß wir auf keine 2 DDR zusteuern.
Ich hoffe dass wir Pegida auch nach Niedersachsen
bekommen, frohe Weihnachten

Ich hoffe, dass wir uns wieder auf unsere Werte,
unsere Kultur besinnen, dass worauf wir so
stolz waren und wofür wir geehrt wurden.

Ich hoffe der erste Anschlag betrifft euch, vielleicht
werdet ihr dann wach...wie dumm muss man
sein!!!

Ich hoffe der Islam köpft zuerst die sogenannten
Tolleranten Menschen die eine bunte Welt
wollen (kauft Euch ein Malheft).

Ich hoffe der Knall ist das letzte was Merkel hört

Ich hoffe der muselmann erwischt euch nicht.

Ich hoffe der Polizist bekommt keinen Ärger!!

Ich hoffe der Schaden bleibt niedrig für uns.

Ich hoffe, der Staatsschutz erfüllt seine Aufgabe nach
Recht und Gesetz und unvoreingenommen.

Ich hoffe der staatsschutz kümmert sich um das linke
pack !!!

ICH HOFFE DER WIND DREHT SICH!!!

Ich hoffe Deutsche Menschen haben mehr Gehirn der
Islam ist eine Krebserkrankung.

Ich hoffe Deutschland geht als neuer echter demokra-
tischer Staat hervor und andere Länder
folgen.

Ich hoffe Deutschland wacht auf und die die bis jetzt
dabei waren lassen sich nicht durch diese
faschistischen „antifaschisten „ von ihrem/
unserem weg abbringen.

Ich hoffe Deutschland wird es euch mal sehr danken.

Ich hoffe,dich finden mal so ein paar radikale Musel.

Ich hoffe die AfD hält durch und die jetzigen Politiker
finden keinen Grund sie abzuschlachten wie
andere „Störenfriede".
Ich hoffe, die Bewegung wächst bald auch im Westen.
Ich hoffe die Bullen wissen auf welcher Seite sie
stehen..
Ich Hoffe die Flut bricht erst los!!!
Ich hoffe die Franzosen machen den deutschen jetzt
vor wie man damit umzugehen hat !
Ich hoffe die Franzosen schlachten sie ab.
Ich hoffe die Franzosen zeigen jetzt ganz klar was sie
davon halten!
Ich hoffe die Franzosen zeigen jetzt wo es langgeht!!
Ich hoffe die Hamburger werden munter und gehen
auf die Straße.
Ich hoffe die leute wachen auf, voll irre alles was muß
noch passieren
Ich hoffe die nehmen gleich das kanzleramt ins visier.
Ich hoffe die Politik bekommt einen ordentlichen
Denkzettel verpasst - für dieses hochnäsige
Verhalten.
Ich hoffe die Politiker lernen zu wissen was sie tun,
was sie auslösen, was ihre grosse Fresse
produziert und von wo am Ende das Geld
kommt.
Ich hoffe die Polizei hat schon Wind von der Sache
bekommen... diese Assis, Kohle vom Amt
kassieren, aber davor randalieren!
Ich hoffe die polizei kann uns schützen... :/

Ich hoffe die Polizei und auch die Presse schaut ganz
genau auf die Gegen-Demos!
Ich hoffe, die Quittung kommt.
Ich hoffe die Saat von Dresden geht in Leipzig auf.
Ich hoffe, die Schleswig-Holstein-Flagge wird nicht
auch noch verboten.
Ich hoffe die Schreiberlinge wissen auch, dass Geschich-
te immer vom Sieger geschrieben wird...
Ich hoffe die täter werden gefunden und ihre gerechte
strafe erhalten für ihre kaltblütigkeit verdie-
nen sie die todesstrafe das ist meine meinung
Ich hoffe die TU Dresden untersucht auch mal die
Teilnehmer der Antifa, was da blos rauskom-
men würde?
Ich hoffe die überrennen euch nicht!
Ich hoffe die Zahl der Demonstranten steigt wie die
Zahl der Gefällt mir klicks.
Ich hoffe diese Bewegung wird noch größer als sich es
ihre Gegner je zu Träumen gewagt hätten.
Ich hoffe diese Regierung wird bald fallen und dann
werden wir diese Verbrecher bestrafen!!!
Ich hoffe diese scheiß linken Idioten machen nicht
alles kaputt den an Ende wird es immer
heißen es waren die pegida Anhänger die an-
gefangen haben
Ich hoffe dieser wind wird stürmisch sein ....
Ich hoffe dieses Miststück von Merkel kann bald ihre
Sachen packen.
Ich hoffe doch!

Ich hoffe doch!

Ich hoffe doch!!!

Ich hoffe doch ;-)

Ich hoffe doch auf 50.000 Leute morgen

Ich hoffe doch das der Polizist seinen Job behalten darf.

Ich hoffe doch das es bei uns (OG) auch bald los geht!

Ich hoffe doch das sich pegida nicht von oben mit
einlullen lässt

Ich hoffe doch das wir Deutsche uns aber wehren
dürfen, wenn man uns verarschen will im
eigenen Land.

Ich hoffe du bekommst einen solchen Anschlag mal
live mit, mal sehen ob du dann immernoch
moslems um dich haben möchtest!

Ich hoffe, du gehst wenigstens in Deutschland arbeiten
oder führst du die Sozial Ämter auch für H 4
an der Nase herum????

Ich hoffe du hast eine Tochter die sich zuerst dem
Islam anpassen muss.

Ich Hoffe du hast Kinder und wenn diese auf eine
öffentliche Schule gehen dann werden die
ihnen berichten können.

Ich hoffe du läufst mal in eine Garbe Kaliber 7,62 mal
39 einer Kalaschnikow!

Ich hoffe du wirst Opfer !

Ich hoffe Duegida laesst Dresden nicht im Stich

Ich hoffe echt das es mal so kommt das all diese Politi-
kersäcke auf der anderen Seite stehen müssen
und es ihnen mal so ergeht wie dem Volke.

Ich hoffe ein Polizist packt dich am Kragen

Ich hoffe, er bekommt eine Doppelklatsche, von der er
sich nicht mehr erholt!

Ich hoffe er bereut diesen Satz mal!

Ich hoffe er erste Schwarzadrikaner wird Sie oder Ihre
Kinder mal missbrauchen sorry ohne Gummi...

Ich hoffe er knickt nicht ein!

Ich hoffe er überlebt es nicht.....

Ich hoffe Er wird hart bestraft!

Ich hoffe es

Ich hoffe es :) ....

Ich hoffe es !

Ich hoffe es .....

Ich hoffe es!

Ich HOFFE ES!!!!!

Ich hoffe es.

Ich Hoffe es Ändert sich bald was.... Es ist nicht mehr
auszuhalten!!!!!!!!!!!

Ich hoffe es auch!!!!!

Ich hoffe es auch...leider...und falls danach immer
noch keiner wach wird in der islamischen
republik deutschland, dann hoffe ich, dass
politiker und gutmenschen zumindest zuerst
am baukran aufgeknüpft werden...vor uns
anderen teuflischen ungläubigen....

Ich hoffe es bleibt den Franzosen erspart sich die
Arschlöcher im Gerichtssaal anzuschauen...
die sollen sich ne Polizeikugel fangen und
langsam und qualvoll abkratzen.

Ich hoffe es dauert nicht mehr lang

Ich hoffe es endet sich was in Deutschland.

Ich hoffe es folgt ganz Europa!!!!!!

Ich hoffe,es geht ins Positive...;

Ich hoffe es gibt davon Videos

Ich hoffe es gibt nicht noch mehr Opfer.

Ich hoffe es gibt noch mehr...

Ich hoffe es gibt noch mehr in Zukunft, weiter so!

Ich hoffe, es ist nicht so, dass hinter Pegida das russische Geld steht, wie früher in 7oer hinter
„Friedensbewegung".

Ich hoffe es kommen ganzviele kammeraden und
kammeradinnen

Ich hoffe es kommen viele!

Ich hoffe es kommen viele.

Ich hoffe es kommen von woche zu woche mehr
patrioten zu euch, jeder einzelne zählt.

Ich hoffe es kommt bald zu größeren ausschreitungen.

Ich hoffe es kommt jemand der wieder fuer Gerechtig-
keit sorgt und der uns nicht so verarscht wie
die drecks Merkel und ihre Halbaffen an
ihrer Seite.

Ich hoffe es kommt zu dir ein radikaler islamist mit
seinen großen Ofenrohr ....

Ich hoffe es mobilisieren sich Montag so viele Rechtschaf-
fende Bürger das ihnen die Sprache vergeht !!!

Ich hoffe, es öffnet einigen die Augen.

Ich hoffe es öffnet noch mehr Leuten die Augen und
sie sehen wer und wer nicht friedlich ist

Ich hoffe es passiert auch bald in Deutschland, viel-
leicht wachen sie dann auf
Ich hoffe es sehr, daß es bei uns etliche Anschläge
geben wird.
Ich hoffe es sind bald Millionen...
Ich hoffe es stoßen noch mehr Christen und alle
diejenigen dazu die sich nicht mit bestimm-
ten Menschen anfreunden und zusammen
Leben wollen!!!
Ich hoffe es treten noch mehr aus der Kirche aus .
Ich hoffe es trifft auch mal die richtigen..
Ich hoffe es trifft die Richtigen !!!
Ich hoffe es wendet sich das Blatt für Deutschland.
Ich hoffe es werden 1000ende kommen.
Ich hoffe es werden auch 20000 tausend :-)
Ich hoffe es werden bald 1000000!
Ich hoffe es werden diesmal soviele dass es in die
Geschichte eingeht !
Ich hoffe es werden immer mehr Teilnehmer und das
sich hier mal was gewaltig ändert in diesem
„Scheinheiligen" Land.
Ich hoffe es werden noch mehr!!!
Ich hoffe es werden noch mehr.
Ich hoffe, es werden noch mehr...
Ich hoffe es werden noch viel mehr wach
Ich hoffe es werden noch viele mehr ein Hoch auf die
Pegida
Ich hoffe es zwar nicht aber ich warte auf den ersten
großen Anschlag hier in Deutschland...

Ich hoffe euch gutmenschen fickts noch richtig an...

Ich hoffe euch wählt kein Deutscher mehr , denn
scheinbar ist jeder ein NAZI der nicht eurer
Meinung ist.

Ich hoffe Euer multikultiwahn trift als erstes eure
Familien und Freunde aber dann will ich
euer gemammer nich hören

Ich hoffe Euer Stolz schafft es noch das ganze Vaterland zu retten, hier gehen schon die ersten
Lichter aus.

Ich hoffe eure bewegung wächtst stätig weiter und ihr
euch nicht von den hinterweltlern beeindru-
cken lasst.

Ich hoffe Frankreich führt die Todesstrafe ein, wie bei
uns hier!

Ich hoffe für den Verrat am deutschen Volke werden
die verantwortlichen Politiker hart bestraft.

Ich hoffe für dich das folgendes niemal mit deiner
tochter oder schwester passiert http://www.
pi-news.net/2010/08/augsburg-moslems-ver-
gewaltigen-18-jaehrige/

Ich hoffe für Dich, dass Dein Erwachen nicht allzu
hart wird!

Ich hoffe für euch gibt es noch ein böses ende.

Ich hoffe hier auch auf die Polizei.

Ich hoffe ich habe das Dezent genug ausgedrückt ;-)

Ich hoffe, ich habe erstmal einige Unklarheiten hier
beseitigt.

Ich hoffe, ich habe es richtig geschrieben

Ich hoffe ich habe hier gerade nicht zu sehr den roten
Fäden verloren

Ich hoffe ich kann meinen enkeln mal erzaehlen, wie
alle mal endlich aufgegeben haben stur und
blind zu sein.

Ich hoffe ich konnte deine/ Ihre Frage beantworten.

Ich hoffe ich konnte deinen Horizont ein klein wenig
erweitern.

Ich hoffe ich konnte meine Antworten für sie ver-
ständlich erklären.

Ich hoffe ich muss das jetzt nicht detailiert erklären,
was das genau bedeutet.

Ich hoffe ich war für dich sachlich genug ;-)

Ich hoffe ich werdet für sowas noch bestraft !!!!

Ich hoffe ihr bekommt eure gerechte Strafe, genau wie
all die anderen radikalen.

Ich hoffe, ihr fangt nicht mit „Ich distanziere mich
von... und...“ an.

Ich hoffe Ihr gewinnt den Kampf gegen die Islamisierung, wobei wir alle kein mitspracherecht
haben, im gegenteil es wird sogar die Bun-
deswehr gegen uns als Vorwand wegen
Volksaufstand heimlich geübt.

Ich hoffe ihr jämmerliches Leben findet ein baldiges
qualvolles Ende !

Ich hoffe ihr kommt an die Macht.

Ich hoffe ihr kommt auch nach Karlsruhe.....

Ich hoffe ihr seid auch gegen die Angriffskriegsbeteili-
gung Deutschlands gegen Russland oder was
genau tun, inzwischen 5.500 Deutsche
Soldaten, in der Ukraine?
Ich hoffe Ihr seid Euch bewußt, das Ihr erstmal an die
Ursache rangehen solltet und zwar an die
Souveränität Deutschlands.
Ich hoffe ihr wacht nicht irgendwann mal auf und
schreit dann rum.
Ich hoffe ihre Zeit läuft endlich ab!
Ich hoffe im nächsten Jahr werden auch die „Gutmen-
schen"sich eingestehen müssen das in unserem Land sehr viel daneben läuft und mitde-
monstrieren.
Ich hoffe immer nur, dass die Opfer von Straftaten
auch Schön-Bunt-Wähler sind.
Ich hoffe in Deutschland wird es noch richtig kalt
Ich hoffe, in Hamburg geht auch bald mal was ab.
Ich hoffe in hannover werden wir auch mehr !
Ich hoffe inständig für unser Land unsere Kultur vor
allem aber für unsere Zukunft die unser
kinder das sich immer mehr Vereinigungen
gründen dessen Ziel es ist Deutschland
wieder auf den rechten Weg zu bringen
dessen Ziel es ist den Verrätern im Bundestag die Grenzen aufzuzeigen!!!
Ich hoffe, irgend wann wird jeder für seine Taten
bestraft!
Ich hoffe Islamisten stecken sein Haus in Brand

Ich hoffe ja das Ostpreußen auch wieder zu uns
gehört.
Ich hoffe ja das PEGIDA die Außerparlamentarische
Oposition der AFD wird!
Ich hoffe ja, dass irgendwann die Antifa in Deutsch-
land verboten wird.
Ich hoffe ja es komm paar Zecken, da sieht man dann
wer Gewalt will und wer nicht !
Ich hoffe jeder bekommt seine gerechte Strafe
Ich hoffe jeder linke Terrorist fliegt raus aus Deutsch-
land.
Ich hoffe jemand knallt endluch die Merkel ab.
Ich hoffe jemand verpasst diesem fetten Schwein ne
Kugel da unten!
Ich hoffe jetzt bekommt es auch der letzte in diesem
Land mit, wie hier mit normal denkenden
Menschen umgegangen wird!
Ich hoffe jetzt sehen die Bürger und Passanten wer die
Schläger und Krawall Macher sind!!!
Ich hoffe keine unchristliche Zeit wen ich auf Arbeit
bin
Ich hoffe mal das einer deiner Angehörigen mal bei so
etwas umkommt damit du umdenkst ! Aber
solange man nicht selbst betroffen ist ....
wenn keine klaren Zeichen gesetzt werde
Ich hoffe mal daß sich niemand von diesen gewaltbe-
reiten Linksextremen einschüchtern läßt
und bei der nächsten Demo wieder dabei ist!
Ich hoffe man misst hier nicht mit zweierlei Maß !!!

Ich hoffe mein Auto springt nachher an

Ich hoffe meine Gramatik hat euch nicht zuviel Toleranz abgefordert

Ich hoffe nach dem heutigen islamistischen Anschlag in Frankreich wird die Kirche in Köln und die Oper in Dresden auch ohne Licht erstrahlen...

Ich hoffe nicht das Artikel 20 Anwendung finden muß.

Ich hoffe, nicht mehr lange, das Fass läuft über.

Ich hoffe nun bin ich kein Nazi :D

Ich hoffe nur das die Angela Merkel, Thomas die Misere oder wie der Idiot heisst, (falsche Schreibweise beabsichtigt :-)) und die anderen Vaterlandverräter zuerst umbringen.

Ich hoffe nur das du noch jung genug bist, um alles hautnah mitzuerleben!!!

Ich hoffe nur das es nicht zu viele Unschuldige trifft.... sollen sie es im Bundestag machen !!!!

Ich hoffe nur, das solche tagträumer im KNALLFALL auch ganz vorne stehen...

Ich hoffe nur, dass die Linken bald wieder von der Bildfläche verschwinden.

Ich hoffe nur, daß es eure Frauen und Kinder sind, die bei den Terroranschlagen ums Leben kommen!!!

Ich hoffe nur für jeden der in der Bild bei der Hetze gegen Pegida mitgemacht hat kommt der Tag der Abrechnung und das Volk zeigt denen irgendwann die kalte Schulter.

Ich hoffe pegida schadet der Regierung!

Ich hoffe, PEGIDA wächst zu einer Millionenbewe-
gung, die die demokratischen Grundrechte
in Deutschland wieder herstellt.
Ich hoffe PEGIDA wird noch viel viel stärker!!!!!!!
Ich hoffe sehr das Deutschland Deutsch bleibt, das
deutsche leute aufwachen und aufstehen
bevor zu spät wird.
Ich hoffe sehr das du eines Tages mal begreiffst das der
Islam niemals mit unserem Land/Europa
vereinbar oder integrierbar ist.
Ich hoffe sehr, das Pegida weiterhin ein echter Stör-
facktor für Politik, Kriegstreiber und Medien
bleibt.
Ich hoffe sehr das sie auch mal einen Raubüberfall
miterleben und ihnen dann klar wird WEM
wir hier alles Tür und Tor öffnen in Deutsch-
land !
Ich hoffe sehr, dass es bei uns auch bald losgehen
wird!
Ich hoffe Sie begegnen mal dem Richtigen ;)
Ich hoffe, Sie ersticken eines Tages nicht daran. ;)
Ich hoffe, sie haben genug Pflastersteine und Streich-
hölzer mit, um mit ihren Roten Antifa-Ge-
sindel die Aftershowparty zu feiern
Ich hoffe, sie lassen uns wenigstens den Karneval!
Ich hoffe sie trennen von Sünde und von der Lugen
des Herr Muhammed.
Ich hoffe sie werden für ihr Verhalten gerecht bestraft
Ich hoffe sie werden zuerst geholt.

Ich hoffe so sehr , dass man jeden einzelnen von denen
irgendwann für all das erhängt oder er-
schießt, das ist Hochverrat, am eigenen Land
Ich hoffe und glaube dass in Frankreich heute richtig
was ins Rollen kommt!
Ich hoffe weiter --->>> Das Volk steht auf und setzt
sich endlich mal zur WEHR!!!!!
Ich hoffe wenn es zu ein Terror Akt kommt das es ein
von euch erwischt!!!!
Ich hoffe wir Deutschen bringen bald den Mut auf,
diese Politmischpoke zum Teufel oder zu
Alah zu jagen!
Ich hoffe wir dürfen uns auch bald selber verteidigen.
Ich hoffe wir haben nicht zu lange gewartet.

Die
Sprache
Pegidas

Die Dresdner Pegida-Märsche, die ab Winter 2014 eine Größe annahmen, die bundesweit für ein plötzliches Aufschrecken sorgte, wurden ausschließlich über Facebook-Seiten organisiert und angekündigt. Dass die Verteidiger des Abendlandes gegen den Islam es mit den christlichen Tugenden nicht so genau nahmen, wussten die Veranstalter. Sie löschten die in den Kommentaren geposteten Ausfälle und Tiraden ihrer Anhänger in regelmäßigen Abständen zusammen mit ihren eigenen Postings.

Anfangs nur zu Dokumentationszwecken ließ oxoa diese Kommentare durch ein Scraping-Script regelmäßig sammeln. Zwischen Dezember 2014 und Februar 2015 entstand so ein 282.596 Kommentare und 7.751.654 Wortformen umfassendes Textkorpus der Pegida-Sprache. Da es umfangreich genug war, um repräsentativ zu sein, stellten wir es zur weiteren Auswertung online.

Ob Pegida nur Ängste artikulierte oder Hass schürte, ob sich unter ihrem Namen besorgte Bürger austauschten oder Rachephantasien Luft gemacht wurde, mit welcher Häufigkeit, Wertung und Ausgewogenheit Wörter wie »Systemmedien«, »Lügenpresse«, »Gutmenschen« oder »Islamisierung« auftauchten, wann zu Besonnenheit und wann zu Provokation aufgerufen wurde – all das konnte man nun nachlesen, parsen, quantitativ analysieren. Das Korpus steht noch immer unter *http://bit.do/Pegida-Korpus* zum Download bereit und ist in verschiedene sozialwissenschaftliche und soziolinguistische Analysen eingeflossen.

Man konnte das Korpus aber auch zur Grundlage künstlerischer Verarbeitung machen. Das ist der Versuch des Buchs *Glaube Liebe Hoffnung*. Indem die angeblichen Verteidiger des christlichen Abendlandes mit den paulinischen Tugenden von »Glaube, Liebe, Hoffnung« konfrontiert wurden, ließ oxoa sie selbst artikulieren, was sie glauben, lieben und hoffen. (An den Facebook-Kommentaren wurden keine Änderungen vorgenommen und die Originalorthografie beibehalten.) Dass vor allem Deutschland geliebt wird, überraschte weniger als die Wünsche der Kommentatoren, die von Umsturz- und Gewaltfantasien bestimmt sind.

Glaube Liebe Hoffnung erschien im Februar 2015. Heute, zwei Jahre später, scheint eine Wiederveröffentlichung angebracht. Der Text ist zu einem Blick auf Anfänge und inzwischen selbst historisch geworden. Er dokumentiert den Beginn einer schleichenden Normalisierung. Dass Sprache eine Ideologie besitzt und ihr Gebrauch politische Positionen transportieren und verschleiern kann, hat Victor Klemperer in *LTI* anhand der Sprache des »Dritten Reiches« gezeigt. Heute ist es die Sprache Pegidas, die, in den Mainstream eingedrungen, auch ihre Positionen transportiert. Sie wird von Politikern verbreitet und von der Presse nachgesprochen. Es steht nicht zu erwarten, dass sie so schnell wieder verschwindet. Diese Sprache in ihrem ursprünglichen Kontext zu zeigen, sie zu denormalisieren und daran zu erinnern, was in ihr gefordert und welche Weltsicht mit ihr artikuliert wird, ist Anliegen dieser Neuauflage.

Zum Verlag

Der Frohmann Verlag wurde im Jahr 2012 gegründet und ist ein Einpersonenunternehmen mit vielen hundert Mitwirkenden. Er trägt den Familiennamen der Verlegerin, um ein Zeichen zu setzen gegen eine Startup-Verlagskultur mit Exitstrategie. Die Arbeit geschieht investorenfrei, Frohmann ist indie.
Im Frohmann Verlag werden neue kulturelle Formen in den Blick genommen, darunter genuin digitale Literatur und kollaboratives Schreiben im Netz. Die Grenzen zwischen Schreiben, Lesen und Publizieren fließen bei Frohmann stärker, als man es von klassischen Verlagen her kennt – hierin orientiert man sich am Netz.

Impressum

oxoa, Glaube Liebe Hoffnung

oxoa ist ein Textkollektiv für digitale konzeptuelle Literatur und besteht aus Hannes Bajohr und Gregor Weichbrodt
www.oxoa.li | www.hannesbajohr.de | www.ggor.de

Dies ist ein Titel der Reihe Frohmann/oxoa.

© 2017 by Gregor Weichbrodt, Hannes Bajohr und Frohmann Verlag, Christiane Frohmann, Berlin.
frohmann.orbanism.com

ISBN Paperback: 978-3-944195-13-1